Devinettes

Pour-enfants.fr
Jeux et activités pour enfants

www. Pour-enfants.fr

Première édition sous forme de livre numérique en mai 2012

(ISBN 979-10-91524-02-5)

Imprimé par CreateSpace

Dépôt légal : Mai 2015. ISBN 979-10-91524-27-8

Loi n° 49-956 du 16 juillet 1949 sur les publications destinées à la jeunesse

Devinettes pour enfants

Voici une série de plus de 40 devinettes pour enfants. Toutes ces devinettes ont été proposées par des enfants sur le site **Pour-enfants.fr.**

Ce petit livre permettra aux enfants, aux papas, mamans, tontons, mémés, pépés... bref à toute la famille de rigoler ensemble. En tout cas je l'espère.

Amusez vous bien !

Claude

Tu connais des devinettes ? Écris-les dans ton livre !
Tu aimes dessiner ? Décore ton livre !

Claude

À Claude de vous proposer **SA** devinette. Un grand classique pour démarrer ! Au fait, nous c'est **Toto** et **Popette.**

Je suis Sophie, mais je ne suis pas Sophie.

Qui suis je ?

Réponse : son chien

Toto

Je suis marron et rouge. J'ai des ailes.

Qui suis je ?

Réponse : une coccinelle bronzée

Guillaume

Je ne suis pas ce que je suis, car si j'étais ce que je suis, je ne serais pas ce que je suis.

Qui suis je ?

Réponse : c'est le chien qui suit son maître.

Elle est jolie, cette petite énigme. Les enfants vont adorer...

Driss, 7 ans

Je suis bien au chaud, à l'aise et tout mouillé.

Qui suis je ?

Réponse : une langue

Marine

On me trouve chez l'homme mais pas chez la femme, dans une pomme mais pas dans une banane, dans un avion mais pas dans un bateau.

Qui suis je ?

Réponse: la lettre o

Rinah

J'ai huit pieds.
J'ai cinq bras.
J'ai trois têtes.
J'ai douze bras.

Qui suis je ?

Hyper facile ! Un menteur...

Mélissa

Quel est le comble pour une banane ?

Réponse : d'être banane

Et quel est le comble pour une devinette ? À toi de voir…

Julien
Paris, 9ans

Quelle est la différence entre un avion et un chewing-gum ?

Le chewing-gum colle et l'avion décolle.

Nil,
9 ans, Paris

J'ai un pied, pas de tête, un chapeau, pas de bras.

Qui suis je ?

Réponse : un champignon.

Bastien,
9 ans, Paris

Quel est le mot le plus long de la langue française ?

Réponse : élastique parce qu'il s'étire...

Julien

Quel est le plat préféré des pompiers ?

Le pot au feu...

Jojo,
10 ans, Paris

Elle est connue, cette devinette, mais ça fait toujours plaisir de la raconter.

Un steack derrière un arbre, qu'est-ce que c'est ?

Réponse : Un steack haché...

Nil,
9 ans, Paris

Qu'est-ce qui est jaune et qu'on peut trouver dans un arbre ?

Réponse : La voiture du facteur qui a raté son virage.

Cette devinette m'a été racontée en classe par plusieurs enfants de CE2 (9 ans…). Il faut croire qu'elle avait fait le tour de l'école…

On peut la poser après cette devinette : Qu'est-ce qui est jaune, qui monte et qui descend ?

Un poussin dans un ascenseur…

Thibaut,
8 ans, Paris

Pourquoi les vaches ne parlent pas ?

Réponse : parce qu'il y a écrit la ferme sur le panneau.

Cécile,
12 ans

Pourquoi un pompier laisse-t-il toujours son jet d'eau allumé quand il parle a une fille ?

Réponse : parce qu'il lui déclare sa flamme...

Jeanne,
9 ans, Paris

Quelle est la différense entre un verre de limonade et le bulletin de notes de Toto ?

Aucune, ils sont tout les deux pleins de bulles...

Noé

Toto tombe dans un puits et son père vient à son secours :

— Attrape cette corde !

— Je peux pas avec les bras !

— Alors avec les dents !

Une fois remonté Toto est toujours accroché par les dents...

Son père :

— Alors, qu'est-ce qu'on dit ?

— Merci papaaaaaaaaaaaaaaaaaaaaaa !!!!!!!!!

Sacré Toto ! Mais que vient faire cette blague de Toto parmi les devinettes ?

On pourrait remplacer *Alors, qu'est-ce qu'on dit ?* par :

— Alors, il dit quoi, Toto ?

Ce qui transforme la blague en devinette.

Jeanne,
9 ans, Paris

Quel le comble pour un dentiste ?

Nettoyer les bouches d'égout.

Jeanne,
9 ans, Paris

Une blague Monsieur et Madame

Monsieur et Madame Boquet ont un fils.
Comment s'appelle-t-il ?

Bill (bilboquet)

Christyvie ,
10 ans,
Annemasse

À quelle occasion peut-on être en même temps patient et impatient ?

Facile ! Un patient, c'est à dire un malade, est généralement impatient de guérir !
Trop fort !

Kahina,
12 ans

Quelle est la différence entre une chaise est un métro ?

Réponse : Aucune. Le métro est souterrain et la chaise est sous tes reins.

Yoan

On trouve les oeufs d'un canard entre le jardin de monsieur Dupont et celui de monsieur Jacques. À qui appartiennent les oeufs ?

Réponse : un canard ne pond pas !

Tia,
10ans, Paris

Monsieur et madame Pou ont une fille.

Comment s'appelle t-elle ?

Réponse : POUPOU

Damon,
10ans,
Reyrieux

Une voiture s'engage dans une ruelle tous feux éteints. Un chat traverse et la voiture s'arrête pour le laisser passer.
Comment se fait-il que la voiture s'arrête ?

Réponse : la scène se passe en plein jour.

Khalil, 11 ans

Quel est le comble pour un électricien ?

Réponse : de ne pas être au courant.

Valentine,
13 ans

Je suis mieux que Dieu, pire que le diable. Les pauvres en ont, les riches en ont besoin.

Qui suis-je ?

Réponse : je suis RIEN.

Thomas

Quelle est la différence entre Paris, un ours polaire, et Jeanne ?

Réponse :
Aucune. Paris est métropole, l'ours polaire est maître au pôle et Jeanne aimait trop Paul !

Ah trop fort !

Doriana,
10 ans,
Carignan

Je suis un rongeur et je ressemble à une souris.

Qui suis-je ?

Réponse :
Un rat.
Mulot peut être accepté...

Doriana,
10 ans,
Carignan

Une devinette très facile sur le thème des animaux

Je peux être grand ou petit. J'ai des crocs.

Qui suis-je ?

Réponse : un chien

Un petit message pour les grands qui posent des devinettes aux plus petits.
Les enfants adorent trouver les bonnes réponses aux devinettes. N'oublions pas de leur faire plaisir en leur proposant des devinettes à leur portée, et qui nous semblent parfois très simples...

Bitar,
10ans, Dakar

Dans un aquarium il y a 10 requins. L'un d'eux se noie. Combien en reste t-il ?

Réponse : il en reste 10.

Trop bien cette devinette...

À poser rapidement pour que sans réfléchir on réponde "9"... Après on peut se demander si le requin saute par-dessus l'aquarium pour aller à l'infirmerie avant de mourir... Ou contester : Un requin ne se noie jamais... De beaux débats en perspective...

Bitar,
10ans, Dakar

Une petite énigme amusante

Sur un arbre il y a 50 oiseaux. Un chasseur tire une fois dans le tas, un oiseau meurt. Combien reste t-il d'oiseaux sur cet arbre ?

Réponse : il en reste zéro car tous les autres oiseaux fuient.

Sabrina,
14 ans

Une devinette très facile sur les animaux

J'ai un long cou et je mange des feuilles d'arbres.

Qui suis-je ?

Réponse : une girafe

Claude

Combien de vertèbres cervicales (dans le cou...)
la girafe possède-t-elle ?

Réponse : 7 !

Et oui, comme la girafe a un long cou on croit
souvent qu'elle a beaucoup de vertèbres
cervicales. Et bien non, tous les mammifères ont
7 vertèbres cervicales, même les girafes !

Claude

Pourquoi les éléphants n'aiment-t-ils pas les ordinateurs ?

Parce qu'ils ont peur de la souris.

Un grand classique des blagues sur les éléphants !

Claude

Un éléphant s'approche d'une pancarte. Il a beaucoup de mal à la lire. Qu'y a-t-il d'écrit sur la pancarte ?

Réponse :
Défenses d'ivoire

Elle est connue cette blague mais je l'aime bien....

Claude

T'aimes les devinettes sur les éléphants ? En v'là une autre !

Pourquoi les éléphants grimpent-t-ils dans les pommiers ?

Réponse :
Pour manger des pommes.

Claude

Et encore une devinette sur les éléphants !

Les éléphants se déplacent en troupeau, c'est bien connu. Ils se déplacent même en troupeau compact, très compact. Ils sont serrés les uns contre les autres, serrés, serrés... Au risque d'écrabouiller leur voisin...
Mais alors pourquoi ?

Réponse :
Parce que c'est celui du milieu qui a la radio.

Et les rhinocéros, pourquoi ils se déplacent aussi en troupeau compact ?

Réponse :
Pour faire croire aux éléphants qu'ils ont la radio.

Claude

J'ai une trompe, des défenses, de grandes
oreilles.
Qui suis-je ?

Un éléphant, bon ça c'est pas difficile. Une
fois que je t'ai dit que j'ai une trompe, des
défenses et de grandes oreilles, tu as compris et
tu trouves généralement... Mais si je dis :

Je suis un éléphant et j'ai des grandes oreilles.
Elles sont plus grandes que celles de mon cousin
qui habite un autre continent que le mien. Qui
suis-je ? D'où est-ce que je viens ?

Réponse :

Je suis un éléphant d'Afrique. Mon cousin, l'éléphant d'Asie, a de plus petites oreilles que moi.

Claude

Comment fait un éléphant pour descendre d'un arbre ?

Réponse :
Il se met sur une feuille et il attend l'automne !

Bon, elle est marrante cette blague, mais personne ne m'a dit comment l'éléphant a fait pour grimper dans l'arbre...

Sinon je pourrais répondre :

Tu vois, l'éléphant il est monté dans l'arbre, alors il fait le chemin en sens inverse pour descendre...

C'est d'ailleurs beaucoup plus logique que cette histoire d'éléphant sur une feuille qui attend l'automne. D'une part ça peut être long d'attendre l'automne. D'ici là l'éléphant, qui est un animal intelligent, aura trouvé une autre solution. Et d'autre part comment il fait l'éléphant quand on est en hiver ? Il n'y a pas de feuilles sur les arbres en hiver…

Claude

Une devinette mignonne comme tout...

Je ne fais pas de bruit quand je me réveille mais
je réveille tout le monde.
Qui suis-je ?

Réponse : le soleil

Claude

Qu'est-ce qu'on pose sur une table, qu'on coupe, qu'on sert, mais qu'on ne mange pas ?

Réponse : un jeu de carte !

Et oui, je vais t'expliquer un peu :
On coupe les cartes, on sert les cartes, et en principe on ne les mange pas...

Qu'est-ce qui peut faire le tour du monde en restant dans son coin ?

Réponse : un timbre

Mes devinettes préférées

À toi de jouer !

Ces devinettes vous ont plu ? Vous trouverez plein d'autres jeux, blagues et devinettes sur mes sites pour enfants.

À bientôt sur
www.Pour-enfants.fr !

www.ingramcontent.com/pod-product-compliance
Lightning Source LLC
Chambersburg PA
CBHW071249130726
47998CB00003B/1112